vegetarisch EIWEIßREICH

fleischlos den Körper in Form bringen mit schnellen, proteinreichen und vegetarischen Rezepten für mehr Definition und Muskelaufbau

von Lara Winterfeldt

Inhaltsverzeichnis

In Topform mit eiweißreicher Ernährung

In diesem Buch soll es darum gehen, mit rein vegetarischer Ernährung einen erhöhten Eiweißbedarf zu decken. Egal aus welchem Grund Du Dich entschieden hast auf Fleisch zu verzichten, Du hast vielleicht schon festgestellt, dass ausreichend Eiweiß zu essen gar nicht immer so einfach ist. Selbst wenn man Milchprodukte, Eier etc. zu sich nimmt, erreicht man oft nicht die empfohlene Menge von **0,8 Gramm** pro Kilogramm Körpergewicht.
Wenn Du außerdem Deinen Körper in Form bringen möchtest und Muskeln aufbauen möchtest, dann hast Du aufgrund der körperlichen Aktivität einen noch höheren Proteinbedarf.
Dann benötigst Du für den Muskelaufbau **1 - 1,5 Gramm** Eiweiß pro Kilogramm Körpergewicht.

Wenn Du Deinen Körper verändern möchtest, dann bedenke, dass ein tolles Ergebnis zu 70% von der Ernährung und zu 30% vom Sport abhängt. Der

Körper kann nur dann Muskeln aufbauen, wenn ihm ausreichend Nährstoffe zur Verfügung stehen.

Es gibt erfolgreiche Bodybuilder, die gezeigt haben, dass auch mit rein pflanzlicher Ernährung gut Muskeln aufgebaut werden können. Besonders gut funktioniert Muskelaufbau allerdings mit **pflanzlichen** und **tierischen Proteinen**, da diese optimal zueinander passen und in der Kombination eine besonders hohe Wertigkeit erreichen. Pflanzliche und tierische Eiweiße haben unterschiedliche Aminosäurenprofile, die sich sehr gut ergänzen. Die tierischen Proteine sind unseren menschlichen am ähnlichsten und können daher besonders gut aufgenommen werden. Allerdings sind die tierischen Lebensmittel nicht so gesund wie die pflanzlichen, so dass es auf eine gute Kombination ankommt.

Aber ich möchte hier keine Tipps für Bodybuilder geben, das war nur ein Beispiel. Ich möchte damit lediglich sagen, dass auch die pflanzliche Ernährung hochwertige Proteine bietet. Da wir als Vegetarier zudem Milchprodukte, Käse und Eier essen, haben wir hier zusätzlich die Möglichkeit tierische Proteine aufzunehmen.
Frauen haben oft Bedenken bei dem Ausdruck "Muskelaufbau". Sie stellen sich eine

muskelbepackte Bodybuilderin vor. Aber keine Angst. Es geht darum, den Körper gut in Form zu bringen, schlanke Muskeln aufzubauen und das Gewebe zu straffen. Also all das was sich doch jede Frau wünscht.

Was bedeutet vegetarische Ernährung ?

Rahmen der vegetarischen Ernährung werden pflanzliche Lebensmittel verzehrt und auch solche, die vom Tier stammen. Das sind zum Beispiel: Milch, Eier, Honig.
Gemieden werden Fleisch und Fisch. Wobei es auch zahlreiche Vegetarier gibt, die kein Fleisch, wohl aber Fisch essen. Bei den Vegetariern gibt es noch weitere Untergruppen:

Bezeichnung	Verzicht auf
Ovo-lakto-Vegetarier	Fleisch und Fisch
Lakto-Vegetarier	Fleisch, Fisch, Eier
Ovo-Vegetarier	Fleisch, Fisch, Milch und Milchprodukte
Veganer	Alle vom Tier stammenden Lebensmittel (Fleisch, Fisch, Eier, Milch, Honig)

Viele setzen eine vegetarische Ernährung mit einer gesunden Ernährung gleich.
Dies ist allerding nicht zwangsläufig der Fall, denn auch zuckerhaltige Lebensmittel, Weißmehlprodukte und fettige Sachen sind vegetarisch. Achte auch im Rahmen einer vegetarischen Ernährung darauf, Deinen Körper mit komplexen Kohlenhydraten zu versorgen und ungesunde Kohlenhydrate möglichst zu vermeiden.

Gesunde Kohlenhydrate findest Du zum Beispiel in:

- Vollkornnudeln
- Reis
- Haferflocken / Getreideflocken
- Kartoffeln und Süßkartoffeln
- Vollkornbrot

Kohlenhydrate sind wichtig, da sie den Körper mit Energie versorgen.

Vegetarische Eiweißquellen sind:

- Hüttenkäse (11 g / 100 g)
- Magerquark (13,5 g / 100 g)
- Joghurt (SKYR) (10,7 g / 100 g)
- Buttermilch (3,4 g / 100 g)
- Kefir (3,5 g / 100 g)
- Eier (12,8 g / 100 g)
- Käse (ca. 25 g / 100 g)
- Nüsse (***Vorsicht: Nüsse haben viele Kalorien !***) (ca. 20 g / 100 g)
- Linsen (9 g / 100 g)
- Kidneybohnen (24 g / 100 g)
- Kichererbsen (19 g / 100 g)
- Erbsen (5 g / 100 g)
- Kartoffeln (2 g / 100 g)
- Süßkartoffeln /1,6 g / 100 g)
- Tofu (8 g / 100 g)
- Sojabohne (36 g / 100 g)
- Vollkornbrot (ca. 11 g / 100 g)
- Vollkornnudeln (ca. 15 g / 100 g)
- Sonnenblumenkerne (21 g / 100 g)
- Chia-Samen (17 g / 100 g)
- Quinoa roh (12,5 g / 100 g)
- Lupine (darauf gehe ich im Folgenden noch näher ein) (40 g / 100 g)

Obst und Gemüse:

Obst und Gemüse enthalten nur wenig Eiweiß, haben dafür aber tolle Nährwerte. In Kombination mit den genannten proteinhaltigen Lebensmitteln ergibt sich eine gesunde Möglichkeit, Dich satt und schlank zu essen. Der Körper wird mit allen wichtigen Vitaminen und Nährstoffen versorgt. Versuche abwechslungsreich und bunt zu essen !

Eisen:

Viele Vegetarier leiden unter Eisenmangel. Das muss aber nicht sein. Wenn Du ausgewogen und vielseitig isst, dann deckst Du Deinen Eisenbedarf auch ohne Fleisch. Eisen steckt z.B. in Gemüse, Hülsenfrüchten, Nüssen, Trockenfrüchten und Vollkorn.

Soja:

Das Sojaprotein hat eine sehr hohe Wertigkeit, d.h. es kann vom menschlichen Körper sehr gut verwertet werden und ist reich an Nährstoffen.

Biologische Wertigkeit von Proteinen

Besonders wertvoll sind solche Proteine, die eine besonders gute Aminosäurenzusammensetzung haben. Je mehr proteinogene Aminosäuren ein Lebensmittel enthält und je höher der Gehalt an essentiellen Aminosäuren ist, desto höher ist die biologische Wertigkeit. Diese Wertigkeit gibt Aufschluss darüber, wie gut das Nahrungseiweiß in körpereigenes Eiweiß umgewandelt werden kann.

In der Regel haben tierische Proteine die höchste biologische Wertigkeit. Als Referenzwert für die biologische Wertigkeit dient das Ei. Ihm wurde die biologische Wertigkeit von 100 zugeteilt. An diesem Wert wird die biologische Wertigkeit anderer Lebensmittel gemessen. Der Wert von 100 bedeutet jedoch nicht, dass das Eiweiß zu 100% in körpereigenes Eiweiß umgewandelt wird. Der Wert dient nur als Richtwert.
Durch geschickte Lebensmittel-Kombination kann daher auch ein Wert von über 100 erreicht werden,

da sich die Aminosäuren verschiedener Lebensmittel besonders gut ergänzen.

Hier ein paar Beispiele:

Einzelne Lebensmittel	**Biologische Wertigkeit**
Kartoffel	96
Kuhmilch	85
Sojamilch	84
Reis	82
Joghurt	83
Quark	81
Kombinierte Lebensmittel	**Biologische Wertigkeit**
Ei + Kartoffel	136
Milch + Weizenmehl	125
Ei + Soja	124
Milch + Kartoffel	114

Leider gibt es hier keine einfache Formel, die man selbst mal eben anwenden kann, um die biologische

Wertigkeit zu bestimmen. Diese Lebensmittel wurden im Labor untersucht. Es bedeutet auch nicht, dass Lebensmittel oder Lebensmittel-Kombinationen mit einer hohen biologischen Wertigkeit besonders gesund sind. Hier geht es nur um die Möglichkeit des Körpers, das Eiweiß optimal aufzunehmen. Um die Qualität eines Lebensmittels zu beurteilen, muss es ganzheitlich betrachtet werden (Fett, Kohlenhydrate, Vitamine, Mineralstoffe, Ballaststoffe, sekundäre Pflanzenstoffe etc.)

Wichtig ist, dass **gute Proteinlieferanten kombiniert** werden und man möglichst viel Abwechslung in seinen täglichen Speiseplan bringt. So steigt die Wertigkeit der verschiedenen Proteine. Außerdem ist es gesund und weniger langweilig.

Warum sollte ich auf eine proteinreiche Ernährung achten ?

Wirkung von Proteinen in unserem Körper

Eiweiß ist für unseren Körper unverzichtbar. Da es u.a. für den Zellaufbau benötigt wird, gibt es praktisch keine Stelle des Körpers wo es nicht benötigt wird.
Proteine sind außerdem beispielsweise wichtig für ein starkes Immunsystem, für den Aufbau von Enzymen und Hormonen sowie für den Transport von Sauerstoff und Fetten.

Durch hochwertige Proteine bekommst Du straffe Haut, schöne Haare, starke Muskeln und vieles mehr !

Proteine während der Abnahme

Wenn Du abnehmen möchtest, dann benötigst Du ein Kaloriendefizit. Das heisst, Du isst weniger Kalorien als Du verbrauchst. Gerade als Vegetarier tendiert man bei reduzierter Kalorienmenge dazu, zu wenig Eiweiß aufzunehmen. In diesem Fall wird Dein Körper beginnen Muskeln abzubauen, noch bevor er an die Fettreserven geht. Und das wollen wir auf gar keinen Fall !

Muskeln sind wichtig für unser Skelett und unsere Haltung. Sie sorgen für eine straffe Haut und verbrennen außerdem Fett. Also solltest Du auch während einem Kaloriendefizit auf Deine Eiweißzufuhr achten um Deine Muskulatur zu erhalten und zu straffen.

Proteine beim Muskelaufbau

Wenn Du Muskeln aufbauen möchtest, dann brauchst Du einen Kalorienüberschuss. In dieser Zeit solltest Du besonders auf Deine Proteinzufuhr achten. Nur wenn ausreichend hochwertiges Eiweiß im Körper ankommt, kann dieser Muskelmasse aufbauen. Aber Proteine alleine reichen nicht. Du musst intensives Krafttraining machen. Dies solltest Du mindestens 2-3 mal die Woche durchführen.

Viel trinken

Ausreichend Wasser trinken ist wichtig für den Körper. Dies ist inzwischen ausreichend bekannt. Bedenke aber, dass Du einen erhöhten Flüssigkeitsbedarf hast wenn Du trainierst. Bei einer hohen Zufuhr von Eiweiß braucht der Körper noch einmal mehr Flüssigkeit. Dies liegt daran, dass bei der Verwertung von Proteinen in unserem Körper Stickstoff entsteht, der über die Nieren abgebaut werden muss.
Eiweißreiche Ernährung bedeutet daher:
viel trinken !

Proteinshakes

In der Regel kann man den Eiweißbedarf gut mit einer gesunden und ausgewogenen Ernährung decken. Wie wir aber schon festgestellt haben, können Vegetarier und Veganer oder Sportler zeitweise Probleme haben den Proteinbedarf zu decken. Dann spricht nichts gegen den Einsatz von **gesundem** Proteinpulver. Hier sollte aber dringend auf die Qualität geachtet werden. Gegen ein Proteinpulver mit hochwertigen Inhaltsstoffen ist nichts einzuwenden. So wird der Körper - besonders nach dem Training - optimal versorgt.

Lupine

Auf diesen Eiweißlieferanten möchte ich einmal ganz besonders eingehen. Das Protein aus Süßlupinen enthält 20 verschiedene Aminosäuren. Davon sind 8 essentielle Aminosäuren, in einem besonders guten Verhältnis.
Außerdem enthält die Lupine viel Eisen und ungesättigte Fettsäuren. Gerade für Vegetarier daher eine tolle Bereicherung für den Speiseplan.
Außerdem reichlich vorhanden: Magnesium, Vitamin E, Kalzium und Phosphor.
Kaufen kann man die Lupine als Bohne, Mehl oder als "Block" (ähnlich wie Tofu). Auch immer mehr Fleischersatz-Produkte aus der Lupine sind in Biomärkten oder Reformhäusern zu finden.

Man kann Lupinenmehl einfach in Shakes mischen oder Soßen und Suppen damit binden. Man kann es aber auch sehr gut beim backen von Kuchen, Plätzchen, Waffeln etc. verwenden und einfach maximal 15% Mehl durch Lupinenmehl ersetzen. Dadurch mindert man zum einen den

Kohlenhydratanteil und wertet den Eiweißanteil auf. Die enthaltenen Aminosäuren ergänzen sich zudem besonders gut mit denen aus Getreide, so dass man eine hohe Wertigkeit der Proteine erhält.

Wichtig zu erwähnen ist außerdem, dass Gentechnik bei Lupinen - anders als bei Soja - kein Thema ist.

Selbstgemachter Eiweißshake mit Lupinen-Pulver

Zutaten für eine Portion:

250 ml Mandelmilch
1 Banane
100 g Mango (oder Erdbeeren)
2 EL Pulver von der Süßlupine
Honig (optional)

Zubereitung:

Alle Zutaten im Mixer gut vermischen. Je nach Geschmack mit Honig süßen.

ZOATS (Zucchini & Oats) mit Lupinen - Pulver

<u>**Zutaten für eine Portion:**</u>

40 g Haferflocken

200 ml Mandelmilch

1 EL Süßlupinen - Pulver

1 EL Kokosraspeln

1 handvoll geriebene Zucchini

Topping:

Obst/Beeren nach Wahl

Zubereitung:

Die Mandelmilch mit den Zutaten aufkochen und einige MInuten einköcheln lassen. Dabei immer wieder rühren, bis ein dickflüssiger Brei entstanden ist. Kurz ziehen lassen und warm genießen.

Tipp: Man kann statt der Zucchini auch eine handvoll geriebenen Kürbis verwenden, oder man lässt die Zucchini einfach ganz weg. Allerdings schmeckt man sie nicht heraus und so hast Du schon wieder eine Portion Gemüse untergebracht.

Ei mit Banane

Zutaten für eine Portion

1 Banane

2 TL Süßlupinen - Pulver

3 Eier

Zimt

Honig (optional)

1 TL Kokosöl

Zubereitung:

Die Banane in Scheiben schneiden und im Kokosöl anbraten. Die restlichen Zutaten gut verrühren oder in einem Schüttelbecher vermischen. Anschließend über die Banane geben und stocken lassen. Danach als süßes Rührei genießen.

Süßlupinen-Sprossen

Es gibt Süßlupinen zum keimen, aus denen Du selbst Süßlupinen-Sprossen herstellen kannst. Diese Sprossen sind voll mit wertvollen Inhaltsstoffen und liefern Dir jede Menge Vitamine und Mineralstoffe. Sie eignen sich super für Smoothies, Salate oder als Topping für jedes andere Gericht.
So lässt sich der Eiweiß-, Vitamin- und Mineralstoffgehalt Deiner Mahlzeiten stark erhöhen.

Süßlupinen-Sprossen selber machen

Die Körner werden gut abgespült und in eine Dose oder ein Keimgefäß gegeben. Sie sollten nur locker den Boden bedecken, damit genug Platz zum keimen bleibt.
Drei Tage später sind Deine Sprossen fertig. Bis dahin musst Du sie täglich 2x mit Wasser durchspülen. Nach den 3 Tagen kannst Du sie einer Frischhaltedose in den Kühlschrank geben. Deine Sprossen sollten dann aber innerhalb von 3 Tagen aufgebraucht werden. Länger solltest Du sie nicht aufbewahren.

Vor dem Verzehr werden die Sprossen noch einmal gut abgespült.

Schwangere sollten generell keine rohen Sprossen zu sich nehmen. Das gilt auch für die Süßlupinen-Sprossen.

Kraftsport für den Muskelaufbau

Wenn Du Dich nun also optimal ernährst, dann fehlt Dir zum Muskelaufbau noch ein Sportprogramm. Mindestens 2-3 Mal pro Woche solltest Du Krafttraining machen, wenn Du Deinen Körper definieren möchtest.
Natürlich bietet sich hierfür das Fitness Studio an. Aber auch zu Hause und mit dem eigenen Körpergewicht oder kleinen Hanteln, kannst Du trainieren. Es gibt auch zahlreiche Fitness-DVDs oder Youtube-Videos.

Hier ein paar Beispiele für Übungen, die Du zu Hause machen kannst. Dafür benötigst Du nur Dein eigenes Körpergewicht und eine Trainingsmatte oder ein Handtuch.

Mach Dich vorher etwas warm. Zum Beispiel mit folgenden Übungen:
auf der Stelle laufen, Hampelmann, Seilspringen oder ähnlichen Cardio-Übungen.

Die folgenden Übungen machst Du zu Beginn so oft wie Du sie schaffst. Notiere Dir die Zahl und steigere Dich jede Woche um eine Wiederholung. Bei statischen Übungen wie Wandsitzen oder Planke erhöhst Du mit der Zeit die Dauer der Durchführung. Wenn Du alle Übungen durch hast, kannst Du beliebig oft von vorne beginnen.

Wandsitzen

Stelle Dich mit dem Rücken vor eine Wand, etwa einen Schritt entfernt. Die Beine sind hüftbreit auseinander. Lehne Dich an die Wand an und rutsche mit geradem Rücken so weit die Wand hinunter bis Deine Beine einen 90 Grad Winkel bilden. Halte die Position ca. 30 Sekunden.

Liegestützen

Gehe auf die Knie und stütze Dich nach vorne mit den Händen ab. Dabei stehen die Hände unter der Brust schulterbreit auseinander. Nun werden die Beine nach hinten ausgestreckt. Gehe auf die Zehenspitzen.
Wenn die Übung so noch zu schwer ist, dann bleib auf den Knien. Du kannst dann mit der Zeit mit den Knien weiter nach hinten rücken und später auch die Beine strecken und zumindest einige "richtige" Liegestütze machen.

Wenn Du Deine Ausgangsposition eingenommen hast, dann bildet Dein Körper eine gerade Linie. Die Bauchmuskeln sind angespannt.

Beuge nun die Arme und senke den Körper nach unten ab. Atme ein, hebe den Körper wieder an und atme dabei aus.

Trizeps-Dips

Du brauchst einen stabilen Stuhl oder ähnliches. Setze Dich vorne auf die Kante. Umgreife nun neben dem Po vorne die Sitzfläche. Die Handrücken zeigen nach vorne. Rutsche langsam vor, so dass Du nicht mehr auf der Sitzfläche sitzt. Die Arme sind leicht gebeugt, Rücken und Beine sind gerade. Nun beugst Du langsam die Arme und bewegst den Po Richtung Boden. Dann drückst Du Dich wieder hoch. Strecke dabei die Arme nicht ganz durch sondern lasse sie immer ganz leicht gebeugt.

Kniebeugen

Stelle Dich aufrecht hin, Beine schulterbreit auseinander. Die Arme kannst Du waagerecht nach vorne ausstrecken. Nun senkst Du den Po nach hinten ab, als wolltest Du Dich setzen. Die Knie werden gebeugt, bis sich die Oberschenkel waagerecht zum Boden befinden. Ausatmen und wieder nach oben drücken.

Ausfallschritte

Stelle Dich gerade hin, Beine etwa hüftbreit auseinander. Atme ein und mache dabei mit einem Bein einen weiten Schritt nach vorne. Unter- und Oberschenkel sollten einen Winkel von 90 Grad bilden. Beim Ausatmen drückst Du Dich zurück in die Ausgangsposition. Jetzt kannst Du das Bein wechseln und die Ausfallschritte mit wechselndem Bein durchführen oder aber Du machst erst das eine und anschließend das andere Bein.

Rückenstrecken im Liegen (Superman)

Lege Dich flach mit dem Bauch auf eine Matte. Strecke die Arme gerade nach vorne und die Beine nach hinten aus. Halte die Spannung und hebe den linken Arm und das rechte Bein an. Kurz halten, absenken und den rechten Arm und das Linke Bein heben. Führe diese Übung immer im Wechsel durch.

Crunches

Lege Dich mit dem Rücken auf eine Matte und stelle die Beine mit hüftbreitem Abstand auf.
Hände hinter den Kopf, Blick zur Decke. Nun hebst Du die Brust an in Richtung der Knie. Die Hände liegen hinter dem Kopf, ziehen ihn aber nicht hoch. Die Bewegung sollst Du mit Deinen Bauchmuskeln ausführen. Beim hochkommen atmest Du aus, dann lehnst Du Dich wieder zurück und atmest ein. Den Oberkörper legst Du dabei nicht ganz auf der Matte ab.

Planke (Unterarmstütz)

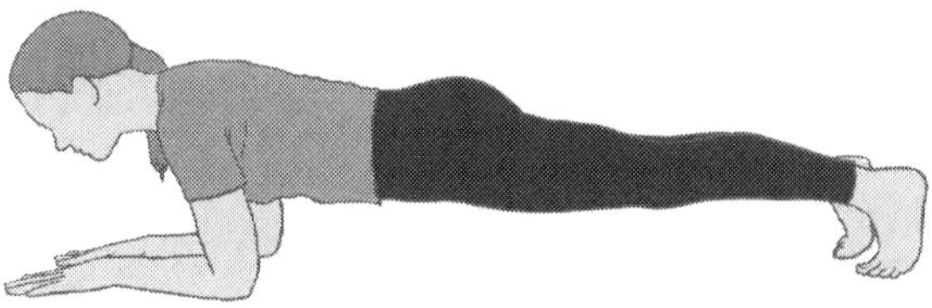

Die Planke ist eine statische Übung. Lege Dich dafür mit dem Bauch auf eine Matte und stütze Dich auf die Unterarme. Die Ellenbogen befinden sich auf Schulterhöhe und die Unterarme liegen parallel zueinander. Jetzt werden der Oberkörper und die Beine angehoben, so dass die Füße auf den Zehen stehen. Der ganze Körper wird angespannt und soll gerade sein wie ein Brett (Planke). Position halten.

Zusätzlich kannst Du im Anschluss oder an Tagen wo Du kein Workout für den Muskelaufbau machst, Ausdauersport machen. Hier eignet sich zum Beispiel Laufen, Schwimmen und Radfahren.

Bonus

Wenn Du Deinen Körper straffen und in Form bringen möchtest, oder auch Muskeln aufbauen willst, dann überprüfst Du Deine Erfolge vielleicht schon mit einem Maßband. Wenn Du abnehmen möchtest, dann solltest Du Dich auf jeden Fall messen, da Du so meist eher Deine Erfolge siehst, als auf der Waage. Es ist möglich, dass Du Fett abnimmst und die Zahl auf der Waage trotzdem nicht runter geht, weil Du Muskeln aufbaust. Um Frustration vorzubeugen ist das Maßband daher besonders nützlich.
Im Rahmen meines Buches

Abnehmen und dran bleiben - nur nicht die Motivation verlieren

gibt es einige Formulare zum **Gratis Download**. Ich möchte Dir an dieser Stelle auch die Möglichkeit geben auf diese Formulare zuzugreifen. Du kannst sie natürlich alle herunterladen, oder aber Du lädst

Dir nur das Formular “Meine Maße” herunter. So kannst Du Deine Erfolge messen und festhalten.

Deine Maße

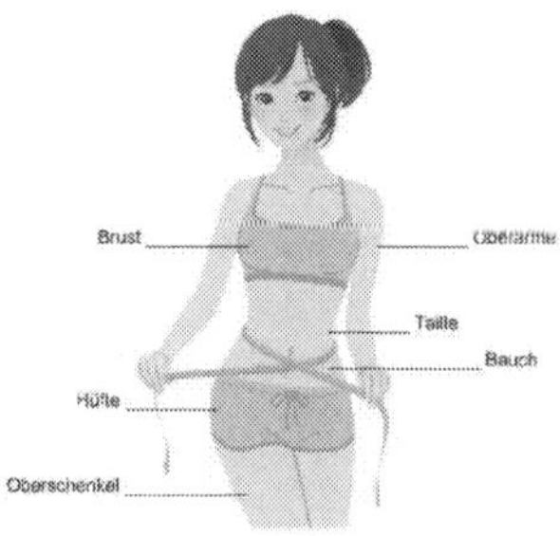

	Tag 1	Tag 30	Tag 60	Tag 90	Ergebnis
Oberarme					
Brust					
Taille					
Bauch					
Hüfte					
Oberschenkel					

Zusätzliche Werte:

Gewicht					
BMI					
Fett (%)					
Muskeln (%)					

Hier kommst Du zum Formular, wenn Du es Dir gerne ausdrucken und ausfüllen möchtest.

http://www.kunterbunt-lecker.de/anmeldung/

Rezepte

Nachfolgend möchte ich Dir noch ein paar Rezepte an die Hand geben, die proteinreich und schnell zubereitet sind.

Milchprodukte mit hohem Eiweißanteil:
Optimale Proteinquellen für das Frühstück oder als Zwischenmahlzeit sind Hüttenkäse (Körniger Frischkäse) und Magerquark. Beides ist eiweißreich und dabei fettarm. Auch Naturjoghurt mit hohem Eiweißgehalt (SKYR) kann man gut nehmen. Du solltest aber die Natur-Variante wählen. Alle anderen Sorten sind mit Zucker oder Süßstoffen versehen. Du kannst dann besser frisches Obst oder TK-Obst untermischen.
Ebenfalls praktisch für zusätzliches Eiweiß und auch gegen den Hunger zwischendurch, ist Buttermilch. 500 ml haben gerade mal 190 kcal aber 17 g Eiweiß.
Hüttenkäse, Quark, Buttermilch und SKYR kann man also prima essen wenn man abnehmen möchte

und trotz Kaloriendefizit ausreichend Eiweiß zu sich nehmen möchte. Gleichzeitig sind diese Proteinlieferanten auch perfekt um Muskeln aufzubauen weil viel Eiweiß enthalten ist.

Kokosöl:

Du wirst sehen, dass ich in meinen Rezepten Kokosöl verwende. Natürlich kannst Du dieses durch ein anderes

Öl ersetzen, falls Du kein Kokosöl zur Hand hast. Ich würde Dir aber auf jeden Fall empfehlen, Dir ein gutes Kokosöl zuzulegen, da es unheimlich gesund ist und sich sehr positiv auf den Körper auswirkt.

Für **mehr Rezepte** und Infos rund um eine **gesunde und bunte Ernährung**, komm doch einfach auf unsere Facebook-Seite **KUNTERBUNT UND LECKER**

https://www.facebook.com/fit.und.gesund.mit.bunter.Ernaehrung/

Körniger Frischkäse mit Obst

Zutaten für 2 Portionen:

- 200 g Körniger Frischkäse / Hüttenkäse
- 6 EL Haferflocken
- 2 Bananen
- 100 g Blaubeeren
- 200 g Mango
- 2 EL Cashewkerne
- 2 EL Kürbiskerne
- Honig (optional)

Zubereitung:

Die Bananen in Scheiben schneiden und die Mango würfeln. Hüttenkäse in einen tiefen Teller oder in eine Müslischale geben und mit Haferflocken und Obst anrichten. Kerne und Nüsse darüber geben und nach Wunsch noch einen TL Honig darüber träufeln.

Schnelle Shakes (1 Portion)

Eiweiß-Shake

- 150 g Quark
- 300 ml Milch
- Obst nach Wahl (Frisch oder TK)
- 1 TL Honig (optional, je nach Obstsorte)

Alles in den Mixer geben und gut durchmixen !

Schoko - Bananen - Shake

- 1 Banane
- Proteinpulver Schoko (auf Qualität achten !)
- 10 g Haferflocken
- 300 ml Mandelmilch

Alles in den Mixer geben und gut durchmixen !

Fruchtige Buttermilch

- 250 ml Buttermilch
- 100 g Obst nach Wahl (Erdbeeren, Mango, TK-Beeren)
- 1 TL Honig

Alles in den Mixer geben und gut durchmixen !

Bounty-Shake (mit Proteinpulver)

__Zutaten für eine Portion:__

- 250 ml Alpro Kokosnuss
- 1 gehäufter EL Proteinpulver Schokolade
- 1 reife Banane
- 1 EL Haferflocken (oder andere Getreideflocken)
- 1 TL Chia-Samen
- 2 TL Kokosflocken

Schoko - Bananenshake (mit Proteinpulver)

__Zutaten für eine Portion__

- 250 ml Mandeldrink
- 1 gehäufter EL Proteinpulver Schokolade
- 1 reife Banane
- 2 EL Haferflocken (oder andere Getreideflocken)
- 5 Cashewkerne

__Zubereitung:__

Alles in den Mixer geben und gut durchmixen !

Süßer Wrap

Zutaten für 1 Portion:

- 1 Tortilla-Fladen
- 100 g Hüttenkäse
- 150 g frische Ananas (gewürfelt)

Zubereitung:

Tortilla mit Hüttenkäse bestreichen und mit den Ananaswürfeln belegen. Anschließend aufrollen.

Baked Protein - Oatmeal

Zutaten für 2 Portionen:

- 2 Eier
- 500 g Magerquark
- 1 Banane
- 120 g Haferflocken
- eine handvoll Obst / Beeren
- Zimt
- Honig oder Reissirup (optional)
- Topping:
- Obst / Beeren / Nüsse

Zubereitung:

Eier und Quark gut vermischen und glatt rühren. Die Banane zerdrücken und mit den Haferflocken zur Quarkcreme geben.
Das Obst in eine Auflaufform geben und die Quark-Masse darüber geben.
Das Ganze nun ca. 20 - 25 Minuten backen.
Anschließend mit Topping nach Wunsch garnieren.

Schoko - Chia - Pudding mit Obst

Zutaten für eine Portion:

- 250 ml Mandelmilch
- 15 g Chiasamen
- 1 EL Proteinpulver (Schoko)
- Zimt
- Topping:
- Obst nach Wahl

Zubereitung:

Die Chiasamen und das Proteinpulver in die Milch einrühren und in eine Frischhaltedose oder ein verschließbares Glas geben.
Damit die Chiasamen sich nicht am Boden absetzen, ist es wichtig die ersten 10 – 15 Minuten immer wieder mal die Masse durchzurühren.

Das Ganze über Nacht in den Kühlschrank stellen, damit der Pudding fest wird.

Am nächsten Tag kommt nur noch das Topping oben drauf. Das klein geschnittene Obst kannst Du ganz nach Deinem Geschmack wählen.

Dieses wird dann noch mit einer Prise Zimt bestreut.

Tipps:

- Du kannst direkt eine größere Menge von dem Chiapudding herstellen und hast dann jederzeit ein gesundes Frühstück oder einen gesunden Snack im Kühlschrank bereitstehen
- Du kannst das Proteinpulver auch weglassen. Gegebenenfalls den Pudding dann mit Zimt und Vanille abrunden.

Cookie Dough - Creme (vegan)

Zutaten:

- 200 g Kichererbsen
- 1 gefrorene Banane
- 1 EL Kokosnussmehl
- 1 TL Flohsamenschalen
- etwas Vanille
- 1 EL Proteinpulver Vanille

Topping:

- Blaubeeren
- Kokosflocken
- Kakaonibs

Zubereitung:

Die Kichererbsen werden zusammen mit der Flüssigkeit in einen Mixer gegeben. Die Banane, das Kokosmehl, die Flohsamenschalen, Vanille und das Proteinpulver ebenfalls hinzugeben und alles gründlich durchmixen. Anschließend die Flohsamenschalen einrühren und die Masse einige Minuten quellen lassen.

Die Creme nun in eine Schale füllen und mit
Blaubeeren, Kokosflocken und Kakaonibs garnieren

Hüttenkäse mit Obst (Snack)

Zutaten für 1 Portion:

- 100 g Hüttenkäse
- 100 g Obst (z.B. Erdbeeren, Blaubeeren)
- 20 g gehackte Pistazien

Zubereitung:

Hüttenkäse mit dem Obst in eine Schale geben. Pistazien als Topping darüber geben.

Tipp: Diesen schnellen Snack kannst Du variieren wie Du magst. Tausche die Obstsorten aus je nach Saison oder nimm TK-Obst. Statt der Pistazien kannst Du auch gehackte Nüsse oder Kürbiskerne nehmen. Als Topping sind auch Kakaonibs lecker. Je nachdem welches Obst Du nimmst und wie süß Du es gerne hast, kannst Du auch noch etwas Honig darüber träufeln.

Vanillecreme mit Erdbeeren (Snack)

Zutaten für 1 Portion:

- 70 g Magerquark
- 50 g Joghurt
- 150 g Erdbeeren
- 1 Vanilleschote

Zubereitung:

Quark und Joghurt verrühren. Mark aus der Vanilleschote auskratzen und unter die Quark-Joghurt-Mischung rühren. Einen Teil der Erdbeeren pürieren und mit der Vanillecreme in eine Schüssel geben oder in ein Glas schichten. Restliche Erdbeeren in Würfeln dazu geben.

Tofu - Pudding

Zutaten:

- 200 g Seidentofu
- 15 g Kakaopulver
- Vanille
- 50 ml Mandelmilch

Zubereitung:

Alle Zutaten gut durchmixen und ca. 30 Minuten kaltstellen.

Mango - Bowl

Zutaten für 1 Person:

- 200 g Joghurt (SKYR)
- 100 g Mango (frisch oder TK)
- 10 g Haferflocken
- 1 TL Chia Samen
- 1 TL Honig (optional)

Zubereitung:

Alle Zutaten im Mixer gut miteinander vermischen und in eine Schale (Bowl) geben. Als Topping kannst Du nehmen was Du gerne magst. Z.B. Beeren, Chia-Samen, Kokosflocken, Basismüsli, Mandeln………

Vollkornbrot mit Bananen-Hüttenkäse

Zutaten für 1 Person:

- 1 kleine Banane
- 100 g Hüttenkäse
- 2 Scheiben Vollkornbrot (a 50 g)
- 1 TL Cashewmus

Zubereitung:

Die Banane klein würfeln und mit dem Hüttenkäse mischen. Brote damit bestreichen und auf jede Scheibe einen Klecks Cashewmus geben.

Tipp: Wer es süßer mag nimmt Honig anstatt Cashewmus

Pancakes

Zutaten für 1 Portion:

- 1 reife Banane
- 25 g Proteinpulver
- 40 g Hafer- oder Dinkelflocken
- Kokosöl
- ggf. etwas Mandelmilch, wenn der Teig zu fest ist

Zubereitung:

Alle Teigzutaten gut miteinander verrühren, so dass ein geschmeidiger Teig entsteht. Anschließend Kokosöl in der Pfanne erhitzen und darin mehrere kleine Pancakes ausbacken.

Ganz nach Geschmack mit Obst und Joghurt garnieren.

Bunter Salat mit Tofu, Quinoa und Ei

Zutaten für 2 Portionen:

- 100 Quinoa (roh)
- 200 g Tofu
- 2 Eier
- 2 rote Paprika
- 1 Bund Petersilie
- 2 Frühlingszwiebeln
- 2 EL Kürbiskerne

Dressing:

- 2 EL Olivenöl
- 2 EL Zitrone
- Salz, Pfeffer

Zubereitung:

Quinoa nach Packungsanweisung kochen und die beiden Eier hart kochen.
Paprika würfeln und Frühlingszwiebel in Ringe schneiden.
Die Petersilie fein hacken.

Alles in eine kleine Schüssel oder auf einen Teller geben.
Die Kürbiskerne fettfrei in einer Pfanne rösten und über die restlichen Zutaten streuen.
Zum Schluß nur noch die Dressingzutaten mischen und über den Salat geben.

Tipp: Du kannst den Salat auch in eine Frischhaltedose geben und mit zur Arbeit nehmen, oder für den Feierabend bereitstellen. So bist Du gut vorbereitet wenn der Hunger kommt.

Omelett mit Kräuterquark und Gemüse

Zutaten für 1 Portion:

- 1 Karotte
- 1 rote Paprika
- 1 Handvoll Spinat
- 1 Frühlingszwiebel
- 1 TL Kokosöl
- 3 Eier
- Salz, Pfeffer
- 1 TL Kokosöl
- Schuß Milch
- 2 El gemischte Kräuter (TK)
- 100 g Quark

Zubereitung:

Karotte in feine Stifte schneiden und Paprika würfeln. Frühlingszwiebel in Ringe schneiden. Das Gemüse anschließend in 1 TL Kokosöl andünsten. Kurz vor Ende der Garzeit den Spinat zugeben.

Die Eier mit Milch, Salz und Pfeffer verquirlen und mit 1 TL Kokosöl in die Pfanne geben. Ein Omelett daraus backen.

Quark mit Kräutern mischen und mit Salz und Pfeffer würzen. Anschließend das fertige Omelett damit bestreichen und das Gemüse darauf geben. Nach Wunsch zuklappen.

Tofu-Gemüsepfanne

Zutaten für 1 Portion:

- 200 g Tofu
- 1 Stange Lauch
- 1 Zwiebel
- 1 Karotte
- 1 rote Paprika
- 100 ml Kokosmilch

- 1 TL Kokosöl
- 1 TL Honig
- 1 EL Sesam
- Curry, Sojasoße, Salz, Pfeffer
- Frühlingszwiebel als Deko

Zubereitung:

Den Tofu würfeln und mit Curry, Sojasoße, Honig, Sesam, Salz und Pfeffer in eine verschließbare Dose geben. Alles gut schütteln.

Lauch, Zwiebel, Karotte und Paprika schneiden und in der Pfanne mit 1 TL Kokosöl anbraten. Tofu zugeben und noch etwas mit anbraten. Dann mit Kokosmilch ablöschen. Mit Curry, Salz und Pfeffer abschmecken.

Auf den Teller geben und mit etwas Frühlingszwiebel garnieren.

Frittata mit Quinoa

Zutaten für 2 Portionen:

- 100 g Quinoa
- 1 TL Kokosöl
- 1 Zucchini
- 2 Tomaten
- 1 Paprika
- 1 Frühlingszwiebel
- 100 g Feta
- Salz, Pfeffer
- 4 Eier
- Schuß Milch

Zubereitung:

Quinoa nach Packungsanweisung kochen. Zucchini, Tomaten und Paprika in kleine Würfel schneiden. Frühlingszwiebel in Ringe schneiden. Das Gemüse in der Pfanne in einem TL Kokosöl andünsten. Quinoa und gewürfelten Feta dazu geben.

Die Eier mit Milch, Salz und Pfeffer gut verquirlen und über die Quinoa-Gemüse-Mischung geben. Nun bei geringer Hitze langsam stocken lassen. Die

Pfanne darf nicht zu heiß sein, da sonst die Frittata von unten anbrennt.

Tipp: Du kannst auch alles in eine Auflaufform geben und die Masse im Ofen (200 Grad) stocken lassen.

Superfood - Salat

Zutaten für 4 Portionen:

- 500 g Brokkoli
- 1 Granatapfel
- 200 g Champignons (braun)
- 2 reife Avocados
- 400 g Karotten
- 1 Zitrone
- 6 EL Öl
- 1 Bund Basilikum
- 100 g gemischte Salatkerne (Sonnenblumenkerne, Kürbiskerne, Pinienkerne)
- Salz, Pfeffer, brauner Zucker

Zubereitung:

Brokkoli in Röschen teilen und ca. 4-5 Minuten in Salzwasser bissfest garen.
Anschließend abgießen und mit kaltem Wasser abschrecken.
Die Granatapfelkerne auslösen und die Champignons in Scheiben schneiden.
Die Avocados in Würfel und die Karotte in dünne Scheiben schneiden.

Aus Zitronensaft, Öl, Salz, Pfeffer und etwas braunem Zucker das Dressing herstellen. Basilikum in Streifen schneiden und mit dem Dressing und den Salatzutaten mischen. Mit der Kerne-Mischung bestreuen.

Kartoffeln mit Hüttenkäse

Zutaten für 2 Personen:

- 6 - 8 Kartoffeln (je nach Größe)
- 200 g Hüttenkäse
- 2 EL gemischte Kräuter (frisch oder TK)
- Salz und Pfeffer
- 4 Tomaten

Zubereitung:

Kartoffeln in Salzwasser gar kochen. Hüttenkäse mit Kräutern, Salz und Pfeffer mischen.
Kartoffeln mit Hüttenkäse auf dem Teller anrichten. Tomaten geviertelt dazu geben und mit Salz und Pfeffer würzen.
Alternativ zu den Tomaten kann man natürlich auch einen beliebigen Salat zu den Kartoffeln essen.

Tipp: Der Hüttenkäse-Dip kann auch gut zu Rohkost (Paprika, Möhren, Gurke) gegessen werden.

Quinoa - Gemüsepfanne

Zutaten für 2 Personen:

- 100 g Quinoa (roh)
- 1 rote Zwiebel
- 1 Knoblauchzehe
- 1 rote Paprika
- 1 gelbe Paprika
- 1 Zucchini
- 1 EL Tomatenmark
- ½ TL Kreuzkümmel
- Salz, Pfeffer
- 1 EL Kokosöl

Zubereitung:

Quinoa nach Packungsanweisung garen.
Zwiebel und Knoblauch fein würfeln. Paprika und Zucchini in mundgerechte Würfel schneiden.

Kokosöl in einer Pfanne erhitzen und Zwiebel und Knoblauch darin glasig dünsten. Tomatenmark dazugeben und umrühren. Jetzt das Gemüse für einige Minuten mit andünsten und mit Kreuzkümmel und Salz würzen.
Quinoa unterheben und die Quinoa - Gemüsepfanne mit Salz und Pfeffer abschmecken.

Tofu-Salat mit Feta und Mango

Für 2 Portionen:

- 200 g Salatmix
- 200 g Rotkohl
- 250 g Tofu
- 100 g Feta
- 200 g Mango
- 2 EL Pinienkerne
- 2 EL Olivenöl
- 4 EL Balsamico

Zubereitung:

Essig und Öl zu einem Dressing vermischen. Tofu, Feta und Mango würfeln. Rotkohl in feine Streifen schneiden oder reiben.

Alle Zutaten auf einem Teller oder besser noch in einer Schale anrichten und das Dressing darüber geben.

Kichererbsencurry

Zutaten für 2 Portionen:

- 80 g Naturreis
- 1 Zwiebel
- 1 EL Kokosöl
- 2 Frühlingszwiebeln
- 240 g Kichererbsen
- 2 TL Curry
- 200 ml Gemüsebrühe
- 100 ml Kokosmilch
- 50 g Babyspinat
- 20 g Cashewnüsse
- Salz, Pfeffer

Zubereitung:

Den Reis nach Packungsanweisung kochen.
Zwiebel würfeln. Kokosöl erhitzen und die Zwiebeln hinzugeben. Kurz andünsten und die Kichererbsen ebenfalls dazugeben. Mit Curry bestäuben.
Kurz anbraten und mit Gemüsebrühe und Kokosmilch ablöschen. Frühlingszwiebel in Ringe schneiden und mit den Cashewkernen zu den Kichererbsen geben. Etwas einköcheln lassen. Am

Schluß noch den Spinat hineingeben und alles kräftig würzen.

Mit dem Reis zusammen anrichten.

Folienkartoffel mit Kräuterquark und Ei

Zutaten für 2 Portionen

- 2 große Ofen-Kartoffeln
- 300 g Magerquark
- gemischte frische Kräuter oder TK-Kräutermischung
- Salz, Pfeffer
- 4 Eier
- 1 EL Kokosöl
- Milch

Zubereitung:

Den Backofen vorheizen auf 220 Grad.

Kartoffeln in Alufolie einwickeln und und auf dem Rost im Backofen ca. 40 Minuten backen.

Die Kräuter fein hacken und mit Quark, Salz und Pfeffer mischen.

Kurz bevor die Kartoffeln gar sind Öl in der Pfanne erhitzen. Die Eier aufschlagen und mit Salz und pfeffer würzen. Einen Schuß Milch zufügen. Alles gut mixen und in der Pfanne erhitze. Stocken lassen und als Rührei zur Kartoffel servieren.

Tipp: Hierzu passt ein grüner Salat oder einfach ein paar aufgeschnittene Tomaten mit Salz und Pfeffer dazu essen.

Süßkartoffel mit Linsen und Gemüse

Zutaten für 2 Personen:

- 1 TL Kokosöl
- 1 Zwiebel gewürfelt
- 1 Knoblauchzehe gehackt
- 1 rote Paprika in Streifen geschnitten
- 1/2 Süßkartoffel (ca. 150 g) gewürfelt
- 1 große Möhre in Scheiben geschnitten
- 1 Stk. Sellerie fein gewürfelt (ca. 50g)
- 75 g Linsen
- 1 EL Tomatenmark
- 400 ml. Gemüsebrühe
- 1 Dose stückige Tomaten
- Salz, Pfeffer, Chili, Zitronensaft
- 2 EL Petersilie

Zubereitung:

Zwiebel, Knoblauch, Paprika, Süßkartoffel, Möhre und Sellerie in Öl andünsten. Linsen zugeben. Tomatenmark unterrühren und dann alles mit Gemüsebrühe und den stückigen Tomaten ablöschen. Jetzt gar kochen lassen (hier kommt es auf die Linsen an. Auf die Packung schauen !) 30-40 Min.

Am Schluss mit Salz, Pfeffer, Chili und Zitronensaft abschmecken und Petersilie untermischen.

Asiatische Tofu - Gemüsepfanne

Zutaten für 2 Portionen:

- 200 g Tofu
- 5 EL Sojasoße
- 1 EL Honig
- 1 rote Paprika
- 1 gelbe Paprika
- 100 g Zuckerschoten
- 200 g Brokkoli
- 1 Stange Lauch
- 2 EL Kokosöl
- Salz, Pfeffer
- 1 Knoblauchzehe (optional)

Zubereitung:

Den Tofu in Würfel schneiden und zusammen mit der Sojasoße und dem Honig für ca. 1 Stunde in einer Frischhaltedose oder einem Gefrierbeutel einlegen.
So lange sollte der Tofu eingelegt werden, damit er schön mariniert ist.

Den Brokkoli in Röschen zerteilen und ca. 4-5 Minuten bissfest garen. Die Paprika und die

Zuckerschoten säubern und in Streifen schneiden. Den Lauch in feine Ringe schneiden.

Nach einer Stunde den Tofu abgießen und die Marinade dabei auffangen. Anschließend 1 EL Kokosöl in einer Pfanne erhitzen und den Tofu darin knusprig anbraten.

Nun den Tofu aus der Pfanne nehmen und beiseite stellen. Knoblauch pressen oder fein hacken und mit dem restlichen Öl in die Pfanne geben. Gemüse dazugeben und einige Minuten anbraten.
Restliche Marinade angießen und die Tofu - Gemüsepfanne mit Salz und Pfeffer abschmecken.

Kichererbsensuppe

Zutaten für 4 Portionen:

- 1 große Dose Kichererbsen
- 1 EL Kokosöl
- 400 g gehackte Tomaten (Dose)
- 1 Knoblauchzehe
- 1 Karotte
- 1 Stange Sellerie
- 400 ml Gemüsebrühe

Zubereitung:

Die Karotte und den Sellerie würfeln und den Knoblauch fein hacken oder pressen.

Das Kokosöl im Topf erhitzen und Knoblauch, Karotte und Sellerie darin andünsten. Mit den Tomaten und der Gemüsebrühe ablöschen und bei niedriger Temperatur 15 - 20 Minuten köcheln lassen. Zum Schluss die abgetropften Kichererbsen dazugeben.

Die Suppe noch 5 Minuten köcheln lassen und mit Salz und Pfeffer abschmecken.

Mango-Feta-Bowl mit Süßkartoffeln

Zutaten für 2 Portionen:

- 100 g Spinat
- 1 Kugel rote Beete
- 200 g Brokkoli
- 2 EL Kichererbsen
- 2 EL Kürbiskerne

- 1 kleine, gewürfelte Süßkartoffel
- 1 halbe Mango
- 100 g Feta

Dressing:

- 2 TL Sesamöl
- Saft von 1 Limette
- optional etwas Chili und Knoblauchpulver

Marinade:

- 3 EL Olivenöl
- Salz, Pfeffer, Zimt, Chili

Zubereitung:

Backofen auf 200 Grad vorheizen und ein Backblech mit Backpapier belegen. Die Süßkartoffel würfeln und mit den Zutaten für die Marinade in eine verschließbare Dose füllen. Alles gut durchschütteln, so dass sich die Marinade gut verteilt. Anschließend die Süßkartoffel-Würfel auf das Backblech geben und 20 – 25 Minuten backen.

Den Brokkoli bissfest garen.

In der Zwischenzeit die rote Beete, die Mango und den Feta würfeln. Den Spinat in die Schalen füllen und alle Zutaten darauf verteilen. Am Ende das Dressing darüber geben.

Brokkoli mit Ei

Zutaten für 2 Portionen:

- 300 g Brokkoli
- 6 Eier
- 1 Schuß Milch
- Salz, Pfeffer
- 1 Zwiebel
- 100 g geriebenen Käse
- 1 TL Kokosöl

Zubereitung:

Brokkoliröschen in Salzwasser ca. 5 Minuten bissfest garen. Zwiebel in Würfel schneiden. Eier mit Milch, Salz und Pfeffer verquirlen.

Öl in der Pfanne erhitzen und Zwiebeln darin andünsten. Brokkoli dazu geben.
Nun die verquirlten Eier darüber geben und bei niedriger Hitze stocken lassen. Wenn das Ei fast fest ist, wird der Käse darüber gestreut. Diesen noch kurz anschmelzen lassen.

Tipp: Du kannst auch alles in eine Auflaufform geben und die Masse im Ofen (200 Grad) stocken lassen. Dann gibst Du auch hier am Ende noch den Käse oben drauf, wenn das Ei fest geworden ist.

Knackiger Bohnensalat mit Feta

Dieser Salat ist eine tolle vegetarische Beilage zum Grillen, die auch den Fleischessern schmeckt.

Zutaten:

- 800-1000 g Bohnen
- 1 rote Paprika
- 1 rote Zwiebel
- 1 rote Peperoni
- 2 Knoblauchzehen
- 5 EL Olivenöl
- 1 EL Balsamico
- 2 EL Petersilie

- 1 TL Salz
- 150 g Schafskäse

<u>Zubereitung:</u>

Die Bohnen waschen, putzen und klein schneiden. In kochendes Wasser geben und nach 7 Minuten abschütten und mit kaltem Wasser abschrecken

Knoblauch fein hacken. Zwiebel in 2 Hälften und dann in Ringe schneiden.

Peperoni klein schneiden und Petersilie hacken. Die Paprika in sehr dünne Streifen schneiden.

Essig, Öl und Salz zugeben und alles gut vermischen. Bohnen dazu geben und Schafskäse darüber bröseln.

Fruchtiges Kartoffelcurry

Zutaten für 1 Portion:

- 3-4 festkochende Kartoffeln
- 1/2 rote Zwiebel
- 1 Knoblauchzehe
- 1 TL Kokosöl
- 100g TK-Erbsen
- Salz, Pfeffer
- 1 TL Curry
- 125 ml fettarme Milch
- 150 ml Gemüsebrühe
- 1 TL milde Currypaste
- 4 Pfirsichhälften
- 2-3 EL Joghurt 1,5%

Zubereitung:

Kartoffeln und Zwiebeln würfeln. Knoblauch fein hacken.

Öl in einer großen Pfanne erhitzen und Kartoffeln, Zwiebeln, Knoblauch, und Erbsen 5 Minuten andünsten.

Mit Salz, Pfeffer und Curry würzen und mit Brühe und Milch ablöschen.

Currypaste einrühren und das Ganze 15 Minuten einköcheln lassen.

Gewürfelte Pfirsiche dazugeben und nochmal mit Salz und Pfeffer abschmecken und anrichten.

Ein paar Joghurt-Kleckse auf das Curry geben. So ist es richtig schön frisch !

Reis mit Kidneybohnen und Mais

Zutaten für 4 Portionen:

- 300 g Reis
- 2 Knoblauchzehen
- 200 g Kidneybohnen
- 1 Zwiebel
- 150 g Mais
- 2 rote Paprika
- 1 EL Kokosöl
- 400 ml passierte Tomaten
- 1 TL Gemüsebrühe
- Salz, Pfeffer

Zubereitung:

Reis nach Packungsanweisung kochen.
Knoblauch ganz fein hacken oder pressen und Zwiebel würfeln.
Paprika in Würfel schneiden und anschließend das Öl in der Pfanne erhitzen.
Zwiebel, Knoblauch und Paprika ein paar Minuten andünsten. Passierte Tomaten, Mais und Kidneybohnen zugeben. Mit Gemüsebrühe, Salz und Pfeffer würzen und ca. 10 Minuten einköcheln

lassen. Abschmecken und mit dem Reis zusammen anrichten.

Tipp: Dieses Gericht lässt sich gut vorkochen. Bereite also ruhig so viele Portionen zu, dass Du für den nächsten Tag noch etwas in den Kühlschrank stellen kannst. Das ist besonders dann praktisch, wenn Du nicht täglich Lust und Zeit zum Kochen hast.

Vollkornnudeln mit Linsen-Bolognese

Zutaten für 2 Portionen:

- 200 g Vollkornnudeln
- 400 g stückige Tomaten (Dose)
- 50 g Tellerlinsen
- 60 g getrocknete Tomaten in Öl
- 2 Karotten
- 2 EL Tomatenmark
- 1 Knoblauchzehe

- etwas frische Petersilie
- Salz, Pfeffer

Zubereitung:

Zuerst den Knoblauch fein hacken, die Möhren schälen und in kleine Würfel schneiden. Die getrockneten Tomaten abtropfen lassen und in feine Streifen schneiden.

Anschließend die stückigen Tomaten, die Linsen und das vorbereitete Gemüse in einen Topf geben und aufkochen. Mit Salz und Pfeffer würzen und 30-40 Minuten bei geringer Hitze köcheln lassen.

In der Zwischenzeit die Nudeln nach Packungsanweisung zubereiten. Die Linsen-Bolognese noch einmal mit Salz und Pfeffer abschmecken.

Nun können die Nudeln mit der Soße angerichtet und mit der gehackten Petersilie bestreut werden.

Bunter Bohnensalat

Zutaten für 2 Portionen:

- 400 g weiße Bohnen
- 65 g Kidneybohnen
- 2 EL Mais
- 100 g Feta
- 70 g Feldsalat
- 100 g Cocktailtomaten
- ½ rote Zwiebel
- 1 Knoblauchzehe
- 4 EL Olivenöl
- 2 EL Balsamicoessig
- Salz, Pfeffer

Zubereitung:

Bohnen abtropfen lassen und abspülen. Feldsalat säubern und die kleinen Tomaten halbieren oder vierteln.

Aus dem gepressten Knoblauch, der fein gewürfelten Zwiebel, Öl und Essig ein Dressing herstellen.

Nun alle Zutaten in eine Schüssel geben und mit dem Dressing übergießen. Mit Salz und Pfeffer abschmecken.

Gemüse-Rührei mit Vollkornbrot

Zutaten für 2 Portionen:

- 1 Zwiebel
- 1 Paprika
- 2 Tomaten
- 6 Eier
- Schuß Milch
- 2 TL Kokosöl
- 2 Scheiben Vollkornbrot
- Salz, Pfeffer

Zubereitung:

Das Gemüse würfeln. Öl erhitzen und Paprika und Zwiebel darin anbraten. Tomatenwürfel zugeben und kurz erhitzen. Dann die Eier mit Milch, Salz und Pfeffer verquirlen und über das Gemüse geben. Rühren und stocken lassen. Mit Salz und Pfeffer würzen und zusammen mit dem Vollkornbrot essen.

Eiweiß - Pizza

Zutaten für 2 Portionen:

- 2 Eier
- 2 EL Magerquark
- 100 g geriebener Käse
- 100 g passierte Tomaten
- Salz, Pfeffer, italienische Kräuter
- Belag nach Wunsch (z.B. Brokkoli, Champignons, Zwiebeln....)

Zubereitung:

Backofen vorheizen auf 180 Grad und ein Backblech mit Backpapier auslegen.
Zuerst die Eier trennen und den Quark und das Eigelb verrühren. Mit Salz und Pfeffer würzen. Nun das Eiweiß steif schlagen und unter die Quark-Ei-Masse heben.
Diesen “Teig” auf das Backblech streichen und ca. 15 -20 Minuten backen.
In der Zwischenzeit aus den passierten Tomaten und den Gewürzen die Tomatensoße herstellen.

Die Soße nun auf die Pizza streichen und diese nach eigenem Wunsch belegen. Mit dem Käse bestreuen.
Anschließend die Pizza nochmals in den Backofen schieben und weitere 10 Minuten backen, bis der Käse geschmolzen ist.

Dinkelspaghetti mit Brokkoli - Frischkäse - Soße

Zutaten für 2 Personen:

- 200 g Dinkelspaghetti
- 300 g Brokkoli
- 1 Zwiebel
- 1 Knoblauchzehe
- 2 rote Paprika
- 2 TL Kokosöl
- 150 ml Gemüsebrühe
- 2 EL Kräuterfrischkäse
- Curry, Salz, Pfeffer

Zubereitung:

Die Spaghetti nach Packungsanweisung in Salzwasser al dente kochen. Brokkoli einfach die letzten 5-7 Minuten dazu geben.

Zwiebel und Paprika fein würfeln und Knoblauch hacken oder pressen. Zwiebel, Paprika und Knoblauch in heißem Öl andünsten. Mit Curry bestäuben und mit der Gemüsebrühe ablöschen. Frischkäse unterrühren und mit Curry, Salz und Pfeffer abschmecken. Brokkoli und Spaghetti unter die Soße mischen.

Protein Cookies

Zutaten:

- 150 g Haferflocken
- 45 g Proteinpulver Schoko
- 1 Ei
- 2 TL Backkakao
- 2 EL Mandelblättchen
- Milch

Zubereitung:

Den Backofen auf 180 Grad Ober-/Unterhitze vorheizen. Alle Zutaten mischen und etwas Milch zugeben, bis ein klebriger Teig entsteht.

Ein Backblech mit Backpapier auslegen und mit Hilfe eines Teelöffels Kleckse auf das Blech geben. Mandeln darüber streuen und 15 - 20 Minuten backen.

Nachwort

Vielen Dank für Dein Interesse an diesem Ratgeber zur vegetarisch eiweißreichen Ernährung.

Da Du Dich offensichtlich - genau wie ich - für eine gesunde Ernährung und einen gesunden Körper interessierst, möchte ich Dir als kleines Dankeschön noch eine **Leseprobe** von meiner Kollegin schenken **"DETOX - natürlich entgiften"**.

Viel Spaß beim Lesen !

Deine Lara Winterfeldt

Leseprobe: Detox - natürlich entgiften

Den Körper entschlacken und gesund abnehmen mit der Detox-Kur (inkl. Detox - Rezepte)

Was ist Detox?

Unter dem englischen Begriff Detox versteht man die Ausleitung von Giftstoffen, die sich im Laufe der Zeit im menschlichen Organismus abgelagert haben. Auf deutsch wird Detox häufig als **Entgiftung** oder **Entschlackung** bezeichnet. Es gibt verschiedene Methoden für Detox, zum Beispiel Saftkuren, Heilfasten oder auch Darmspülungen und weitere Methoden. Daneben gibt es noch weitere Arten zu Entgiften. Doch warum entgiftet der Körper überhaupt?
Zur Beantwortung dieser Frage muss die heutige Ernährungsweise betrachtet werden. Ist der Körper aus dem Gleichgewicht, ziehen Schulmediziner den

wichtigen Einfluss der Ernährung auf die Gesundheit jedoch immer noch nicht genug in Betracht. Dabei ist die Nahrung der Treibstoff, mit dem der Körper betankt wird. Kein Auto wird jedoch fahren, wenn es statt Benzin Olivenöl oder Butter erhält. Die meisten Menschen essen was ihnen schmeckt und sind dabei der Meinung, der Organismus werde sich aus diesem Angebot das holen, was er benötigt. Selbst wer sich darüber im Klaren ist glaubt, der Körper könne den Ernährungsmüll mit den ihm eigenen Mechanismen entsorgen. Es ist jedoch ein fataler Irrtum zu glauben, der Körper könne eine Fehlernährung auf Ewigkeiten kompensieren.

Detox beinhaltet daher auch die Möglichkeit, das eigene Ernährungsverhalten auf den Prüfstand zu stellen. Täglich sind moderne Menschen einer Fülle an Schadstoffen ausgesetzt. Zu Abgasen und Zigarettenrauch kommen noch die Gifte aus der Nahrung hinzu. Der Organismus kann ziemlich gut mit den Giftstoffen umgehen, die täglich auf ihn einprasseln. Um die Organe vor den schädlichen Substanzen zu schützen und sie auszuleiten, stehen dem Körper verschiedene, ausgefeilte Mechanismen zur Verfügung. Dabei läuft der Entgiftungsprozess pausenlos, denn würde er seine Dienste einstellen, wäre das im wahrsten Sinne des Wortes lebensgefährlich. In der Regel läuft dieser

Mechanismus reibungslos, doch gibt es immer wieder Phasen im Leben, in denen der Körper nicht mehr Herr all der zugeführten Schadstoffe wird und keine optimale Verstoffwechselung stattfindet. Wenn Giftstoffe und schädliche Substanzen nicht oder nicht vollständig ausgeschieden werden können, bleiben sie als Schlacken im Körper zurück und lagern sich ab. Vergleichbar ist dieser Prozess durchaus mit einer leichten, permanenten **Vergiftung**.

Diese schleichende Vergiftung ist nichts, was ins Auge fällt. Die Symptome entwickeln sich über einen gewissen Zeitraum und äußern sich in einer Vielzahl von Beschwerden, die nicht sofort mit Fehlernährung in Zusammenhang gebracht werden. Selbst wenn mehrere Symptome zusammen auftreten, schrillen nicht automatisch die Alarmglocken.

Typische Erscheinungen, die auftreten, wenn der Körper "vergiftet" ist:

- Antriebslosigkeit
- Darmprobleme
- Dauermüdigkeit
- fahle Hautfarbe

- Reizbarkeit
- Schlaflosigkeit und Schlafstörungen

Unkorrigiert kann dieser Prozess zu ernsthaften Krankheitsbildern führen. Um dem Körper und sich selbst etwas Gutes zu tun, kann der Organismus durch eine Kur beziehungsweise ein verändertes Ernährungsverhalten entgiftet und entschlackt werden. **Detox setzt den Körper sozusagen wieder auf Werkseinstellung zurück**. Die Verarbeitung der zugeführten Nahrung wird besser unterstützt, wodurch mehr Energie für andere biologische Prozesse zur Verfügung steht.
Ein Detox-Programm verändert sowohl den Bezug zur Ernährung als auch zum Körper nachhaltig. Unabhängig davon, wie das aktuelle Befinden ist. Schon kurz nach der Umgewöhnung an die neue Ernährungsweise halten mehr Ausgeglichenheit, Zufriedenheit und Entspannung Einzug in den Alltag. Dieser Energieüberschuss ist einfach erklärt: durch die richtige Zufuhr an Lebensmitteln erhält der Körper nur das, was er wirklich braucht und optimal verstoffwechseln kann. Eine Änderung der Essgewohnheiten ist zunächst anstrengend und kostet zuweilen Überwindung, vor allem wenn es darum geht, liebgewordene aber auch quälende Süchte und Gewohnheiten abzustellen. Das Ergebnis lohnt sich jedoch, denn ein

Detox-Programm stellt einen wichtigen Schlüssel zur Gesundheit dar, den jeder ganz leicht selbst in die Hand nehmen kann.

.

Wie kommen die Giftstoffe in den Körper?

Umweltgifte und Schwermetalle

Umweltgift ist ein Begriff, der immer wieder für Schlagzeilen sorgt. Doch was steckt dahinter? Jeder weiß zum Beispiel, dass Industrie- und Autoabgase schädlich für die Gesundheit sind. Schließlich käme niemand auf die Idee, frisches Obst und Gemüse von einem Feld zu beziehen, das direkt neben den permanent qualmenden Schornsteinen einer Fabrik liegt. Auch Schwermetalle sind etwas, das immer wieder durch die Medien geistert. Die Rede ist dann von Pestiziden in Lebensmitteln, Aluminium im Trinkwasser, Quecksilberbelastung in Meeresfischen oder Arsen im Reis. Daneben geht auch noch eine Gefahr aus von Chemikalien, die aus Textilien, Teppichböden und Möbeln ausdünsten sowie von Haushaltswaren und Kinderspielzeug mit den gefährlichen

Weichmachern. Es lohnt, einen Blick auf die häufigsten Umweltgifte zu werfen und was sie mit dem Körper anrichten können.

Aluminium

Gelangt das Leichtmetall Aluminium in den Körper, wird es zwar meist mit dem Urin ausgeschieden, doch können sich Restbestände durchaus im Gewebe und im Gehirn anreichern. Dadurch kann die Entstehung von Krankheiten wie Alzheimer, Blutarmut (Anämie), Hyperaktivität, Leberschmerzen, Muskelschmerzen, Nierenleiden und Osteoporose begünstigt werden. Aluminium ist in der Luft, in Lebensmitteln, Wassern, älteren Kochtöpfen, aber auch Impfstoffen enthalten. Silizium verhindert die Aufnahme von Aluminium im Gehirn, eine optimale Magnesiumversorgung die Anreicherung im Gehirn. Eine übermäßige Aufnahme an Kalzium begünstigt die Einlagerung von Aluminium. Es empfiehlt sich, Milchprodukte zu reduzieren. Auch Folsäure hilft zu verhindern, dass sich Aluminium anreichert.

Arsen

Bei Arsen handelt es sich um einen hochgradig krebserregenden Stoff, der die Entstehung von Hautkrankheiten begünstigt, aber vor allem Hautkrebs und weitere Krebserkrankungen auslösen kann. Arsen gilt weiterhin als ein Mitverursacher von Beschwerden des Herz-Kreislaufsystems, Diabetes und Neuropathie. Die Substanz ist in der Lage mehr als 200 Enzyme im Körper an ihrer Arbeit zu hindern und ihre Wirkung zu blockieren. Das bedeutet im schlimmsten Fall, dass die Zellen nicht mehr in der Lage sind, sich selbst beziehungsweise ihre DNA zu reparieren. Besonders tückisch ist dabei, dass Arsen die Teile im Organismus blockiert, die normalerweise für einen reibungslosen Ablauf der körpereigenen Entgiftungsmechanismen sorgen.

Blei

Blei wird zum Beispiel über das Trinkwasser aufgenommen, wenn ein Haus noch über ein sehr altes Rohrleitungssystem verfügt. Das Schwermetall wird im Darm resorbiert, wobei Kinder den Stoff deutlich stärker aufnehmen als Erwachsene. Aus dem Darm gelangt das Schwermetall in Leber und

Nieren, danach ins Gehirn und letztendlich in das gesamte Nervensystem. Blei lagert sich in Knochen und Zähnen ab und kann bei Erwachsenen das Herz-Kreislaufsystem aus dem Gleichgewicht bringen, was sich zum Beispiel in Form von Bluthochdruck äußert. Der Stoff ist zudem in der Lage, die Plazentaschranke zu passieren, was zu einer Belastung des Ungeborenen führt. Das ebenfalls krebserregende Blei führt bei Kindern zu einer Verminderung des Intelligenzquotienten und Lern- und Konzentrationsstörungen. Das Gedächtnis wird ebenfalls beeinträchtigt.

Cadmium

Dünger auf der Basis von Phosphaten und Klärschlamm sorgen dafür, dass Cadmium sowohl in pflanzliche als auch tierische Lebensmittel gelangt. Daneben tragen Rauchen und Passivrauchen zu einer Cadmiumbelastung bei. In Leber und Nieren kann es durch Anreicherung des Schwermetalls zu gravierenden Schäden kommen. Cadmium verhindert, dass die Nieren Kalzium aus dem Urin resorbieren können, wodurch der Organismus den fehlenden Mineralstoff aus den Knochen abzieht. Dadurch erhöht sich das Risiko, an Osteoporose zu erkranken. Da Cadmium über dieselben Transportwege wie Eisen, Kalzium und Zink aufgenommen wird, kann es bei einem Mangel an diesen Vitalstoffen zu einer übermäßigen Cadmiumaufnahme kommen. Um die Aufnahme von Cadmium zu verhindern, kann es daher helfen, die entsprechenden Mineralien als Nahrungsergänzungsmittel einzunehmen.

Dioxine

Da Dioxine nur schwer abbaubar sind, trifft man sie nahezu überall an. 90 Prozent des Dioxins werden vom Menschen über die Ernährung aufgenommen. Ein hoher Gehalt ist vor allem in tierischen, fetthaltigen Lebensmitteln nachweisbar, das heißt in Fisch, Fleisch und Milchprodukten. Dioxine beeinträchtigen den Hormonhaushalt, schädigen das Immunsystem, sind für die Entstehung von Krebs mitverantwortlich und führen bei Kindern zu Entwicklungsstörungen. Da Dioxine fettlöslich sind, reichern sie sich vor allem im Fettgewebe des Menschen an.

Pestizide

Kaum eine Woche vergeht, ohne dass Pestizide in den Nachrichten erwähnt werden. Organophosphorpestizide, die in der Landwirtschaft, aber auch zur Bekämpfung von Ameisen sowie in der Weinbau- und Forstwirtschaft benutzt werden, schädigen den Menschen quasi schon vor seiner Geburt. Beim Embryo führen sie zu Neuralrohrdefekten und bewirken Früh- und Fehlgeburten. Unter dem Einfluss von Pestiziden in der Schwangerschaft werden bei den Kindern später im Alter zwischen drei und zehn Jahren verstärkt Entwicklungsstörungen wie ein reduzierter Intelligenzquotient, ADHS oder Autismus diagnostiziert. Weiterhin gibt es einen Zusammenhang zu Atemwegserkrankungen wie Asthma oder diversen Lungenproblemen. Die Untersuchungen beziehen sich zwar auf Kinder, deren Mütter überdurchschnittlichen Mengen an Pestiziden ausgesetzt waren, doch sind daraus durchaus Rückschlüsse auf die normalen Pestizidmengen im täglichen Leben zu ziehen. Bei Erwachsenen beeinträchtigen Pestizide das Erbgut und die Zellteilung, schwächen das Immunsystem und begünstigen Krebszellenwachstum. Pestizide sind nicht nur in Lebensmitteln enthalten, sondern oft auch in Möbeln. Landwirte, aber auch Hobbygärtner sind besonders gefährdet.

Schimmelpilze

Wer aus Versehen einen verschimmelten Joghurt oder schimmeliges Brot isst, braucht nicht in Panik zu verfallen. Wenn der Körper überhaupt darauf reagiert, dann mit ein wenig Durchfall und die Sache ist vom Tisch. Gefährlicher sind die Schimmelpilze, deren Sporen überall in der Luft sind und die sich auch auf Lebensmitteln festsetzen. Das Heimtückische daran ist, dass diese Pilze nicht zu erkennen sind, aber einmal in den Körper gelangt, massiv die inneren Organe, vor allem Lunge und Leber angreifen können. Neben pilzbefallenen Lebensmitteln ist Schimmel vor allem im Wohnbereich problematisch. Wenn die Wände feucht sind, ist die Schimmelpilzgiftkonzentration in der Luft deutlich erhöht. Das begünstigt Allergien, eine dauerverstopfte Nase, Kopf- und Gliederschmerzen, ein geschwächtes Immunsystem, Lungenentzündung und Asthma. Bei Schimmelbefall hilft nur eine gründliche Sanierung der Wohnung oder ein Umzug. Heil- und Mineralerde hilft, die Schimmelpilzgifte Mykotoxine zu binden, sodass der Organismus sie ausscheiden kann. Auch eine Detox-Kur leistet hier ganze Arbeit.

...........Ende Leseprobe

Nicht nur die Giftstoffe sind ein Problem, auch künstliche Zusatzstoffe, Zucker, ungesunde Fette, Konservierungsstoffe und Aromastoffe wirken sich auf unseren Körper aus. Nähere Informationen finden Sie im Buch “Detox - natürlich entgiften”, das in voller Länge bei Amazon erhältlich ist.

Dort gibt es außerdem folgende Infos:

- so funktioniert unser körpereigenes Entgiftungssystem
- Warnsignale des Körpers
- Detox-Kuren
- Wie kann man den Körper beim Entgiften unterstützen
- Detox und Abnehmen
- Der Einstieg in die Detox-Kur
- Fastenphase und Smoothie-Rezepte
- Langfristiges entgiften
- Leckere Detox-Rezepte für den ganzen Tag
- und vieles mehr

DETOX
- natürlich entgiften
Navina W. Sommer
Den Körper entschlacken und gesund abnehmen
mit der Detox-Kur (inkl. Detox - Rezepte)

Weitere Buchempfehlungen

Abnehmen mit CLEAN EATING und SUPERFOODS. Mit gesunder Ernährung den Stoffwechsel ankurbeln und das Wunschgewicht erreichen. Optimale Nährstoffversorgung durch frische, naturbelassene Lebensmittel.

Clean Eating und auch ***Superfood*** sind mittlerweile weit verbreitete Begriffe, wenn es um eine gesunde Ernährung geht.
Sie möchten sich mit frischen, naturbelassenen Lebensmitteln ernähren und dadurch Ihren Stoffwechsel anregen und sich

optimal mit allen Nährstoffen versorgen ? Ohne Verzicht und Hunger fit und vital werden ?

Dann ist dieses Buch genau das Richtige für Sie. In diesem Buch erfahren Sie:

- was Clean Eating ist
- was Superfoods sind
- welche Superfoods es gibt
- wie Clean Eating und Superfoods Ihnen zu Ihrem Wunschgewicht verhelfen
- was bei Clean Eating alles auf den Speiseplan darf
- warum es sich nicht um eine Diät handelt
- leckere Superfood-Rezepte
- und vieles mehr

<u>Darmsanierung: Der Weg zum gesunden Darm.</u> Schonende Darmreinigung als Vorbeugung gegen Darmkrankheiten, Basis für eine erfolgreiche Gewichtsabnahme, zum entschlacken, entgiften und Stoffwechsel anregen.

Sie möchten:

- Ihren Körper schonend von "Altlasten" befreien
- gesund Gewicht reduzieren und eine Basis für eine Ernährungsumstellung schaffen
- Verdauungsbeschwerden loswerden (Durchfälle, Verstopfung, Blähungen...)

- eine Darmsanierung nach Antibiotika
- sich von Schadstoffen befreien und den Körper entgiften
- in einen neuen, gesunden Lebensabschnitt starten
- Müdigkeit und Erschöpfung beseitigen
- Ihren Stoffwechsel ankurbeln
- den Körper entschlacken

dann sollten Sie sich mit dem Thema Darmreinigung und Darmsanierung befassen.

In diesem Buch erfahren Sie:

- wichtiges über Ihren Darm (Aufbau und Funktion)
- Funktionsstörungen und ihre Auswirkungen
- Ursachen für eine gestörte Darmfunktion
- Gründe für eine Darmreinigung
- Tipps für die Zeit während der Darmreinigung
- verschiedene Möglichkeiten der Darmreinigung
- Wirkung einer Darmreinigung

- Anleitung für eine schonende Darmreinigung zu Hause
- Infos zur Ernährung während der Darmreinigung
- Zusammenhänge von Gewicht und Darmfunktion
- usw

<u>MEAL PREP vegetarisch</u>. Gesund essen, Zeit sparen und einfach abnehmen durch vorkochen von Mahlzeiten. Meal Prep Rezepte, die sich optimal vorbereiten lassen.

Meal Prep ist die Abkürzung für Meal Preparation und bedeutet, dass Du Deine Mahlzeiten vorbereitest. Das ist ideal um

- Dich gesund zu ernähren
- Zeit zu sparen
- nicht vor lauter Hunger zu Fastfood und Fertiggerichten zu greifen
- abzunehmen

Meal Prep macht es Dir somit leicht, Dich gesund zu ernähren und abzunehmen. Denn gerade wenn man abnehmen möchte ist Vorbereitung wichtig. Wenn Du Hunger hast, musst Du nicht lange überlegen was Du isst und nicht lange kochen. Du greifst einfach auf die gesunden und leckeren Sachen zurück, die vorbereitet in Deinem Kühlschrank stehen.Ob nach Feierabend, unterwegs oder im Büro, Du bist immer optimal vorbereitet.Vielleicht klingt Meal Prep im ersten Moment nach viel Arbeit, aber das ist es nicht. Im Endeffekt sparst Du Zeit, wenn Du nicht täglich kochen musst. Probier es einfach mal aus und lass es Dir schmecken !

++ Inkl. Formulare zum Download ! ++

Abnehmen und dran bleiben - nur nicht die Motivation verlieren

Schnell ein paar Kilogramm abnehmen, das ist gar nicht schwer. Aber motiviert bleiben und dauerhaft die Ernährung umzustellen, das ist gar nicht so einfach. Wenn Dir auch die Motivation früher oder später jedes Mal verloren geht, und Du diesmal dran bleiben möchtest, dann schau Dir dieses Buch unbedingt einmal an:

Bunte Buddha Bowls. Einfache, gesunde Rezepte für den ganzen Tag - Ideal auch zum abnehmen

Wenn Du immer auf der Suche nach gesunden und leckeren Rezepten bist, die schnell zuzubereiten sind und auch für unterwegs geeignet sind, dann schau Dir folgendes Buch unbedingt auch einmal an:

Haftungsausschluss

Die Verwendung der Informationen in diesem Buch und die Umsetzung derselben erfolgt ausdrücklich auf eigenes Risiko. Der Autor kann für etwaige Unfälle und Schäden jeder Art, die sich bei der Zubereitung der Speisen ergeben, aus keinerlei Rechtsgrund die Haftung übernehmen. Haftungsansprüche gegen den Autor für Schäden jeglicher Art die durch die Nutzung der Informationen in diesem Buch enstanden sind, bzw. durch die Nutzung fehlerhafter und / oder unvollständiger Informationen verursacht wurden, sind ausgeschlossen. Folglich sind auch Rechts- und Schadenersatzansprüche ausgeschlossen. Der Inhalt dieses Werkes wurde mit größter Sorgfalt erstellt und überprüft. Der Autor übernimmt keine Gewähr und Haftung für die Aktualität, Korrektheit, Vollständigkeit und Qualität der bereitgestellten Informationen. Druckfehler können nicht vollständig ausgeschlossen werden. Weiterhin beruht der Inhalt dieses Werkes auf persönlichen Erfahrungen und Meinungen des Autors. **Der Inhalt darf nicht mit medizinischer Hilfe verwechselt werden.**

Externe Links:
Dieses Angebot enthält Links zu externen Webseiten Dritter, auf deren Inhalt der Autor keinen Einfluss hat. Daher kann für diesen Inhalt keine Gewähr übernommen werden.

Für die Inhalte der verlinkten Seiten ist stets der jeweilige Anbieter verantwortlich. Die verlinkten Seiten wurden zum Zeitpunkt der Verlinkung auf mögliche Rechtsverstöße überprüft. Rechtswidrige Inhalte waren zum Zeitpunkt der Verlinkung nicht erkennbar. Eine permanente Kontrolle der verlinkten Seiten ist nicht möglich.

Impressum

1.Auflage (10/2017)
2. Auflage (01/2018)

Kontakt: Verena Matzke, Käthe-Kollwitz-Str. 38, 50181 Bedburg
kontakt@kunterbunt-lecker.de
Fotos: Fotolia
Datei: #134642091 | Urheber: Rasulov
Datei: #167110483 | Urheber: exclusive-design
Datei: #150950627 | Urheber: nblxer
Formatierung: Lara Winterfeldt

28462212R00074

Printed in Poland
by Amazon Fulfillment
Poland Sp. z o.o., Wrocław